# LYRISCHE POESIE

Heidrun Schweitzer

# LYRISCHE POESIE –

Inspirationen und Gedanken zum Leben

Bibliografische Information der Deutschen Nationalbibliothek: Die deutsche Nationalbibliothek verzeichnet diese Publikation in der Deutschen Nationalbibliografie; detaillierte bibliografische Daten sind im Internet über dnb.dnb.de abrufbar.


1. Auflage 2020

Herstellung und Verlag: BoD – Books on Demand, Norderstedt


ISBN: 9783752610406

# Inhalt

# Vorwort

Dieses Büchlein ist ein Leseabenteuer, welches Lyrik mit Poesie verbindet. Es widmet sich Themen wie der Natur, den Menschen, dem Universum und vielem Mehr. Es beschäftigt sich also mit allem Möglichen.

Es soll zum Nachdenken und vielleicht auch zum Umdenken anregen.

Bei Verwendung der männlichen Form könnte es sich ebenso gut um die weibliche Form handeln. Auf das Gender * wurde im Sinne der besseren Lesbarkeit verzichtet.

VIEL SPASS BEIM LESEN!

Lass dich inspirieren.

# Der Mond

Ein Sehnsuchtsort,
wo Träume gesponnen werden.
Er gibt Zuversicht,
dass nach jeder Nacht
am Morgen die Sonne wieder aufgeht.

So steht der Mond für
Gegensätzliches wie
Licht und Dunkelheit,
Ebbe und Flut oder
Faszination und Magie.

Lass dich von der Einzigartigkeit
des Mondes erfassen und
gib dich den Träumen hin.

# Der Regenwurm

Der Regenwurm lebt und
arbeitet im Verborgenen.
Eher selten bekommen ihn
Menschen zu sehen.

Doch wie wertvoll ist seine Arbeit?

Er führt der Erde Nährstoffe zu
und lockert den Boden auf.
Kinder freuen sich,
ihn zu entdecken.
Jeder Gartenliebhaber weiß die Arbeit
des Regenwurms zu schätzen.

Achte auf das Kleine und
wertschätze auch das Geringste.

# Der Wald

Der Wald gibt und spendet so viel.
Der Wald spendet Sauerstoff.
Er speichert $CO_2$ und Wasser.
Der Wald spendet Schatten und
er spendet Schutz vor Regen.
Das Holz der Bäume erwärmt
im Winter.
Der Wald hat eine hohe ökonomische Bedeutung.
Der Wald bietet Lebensraum für zahlreiche Tiere.
Er ist Kulturgut und bietet vielfältige
Freizeitmöglichkeiten.

DER WALD STEHT FÜR RUHE, ENTSPANNUNG
UND VOLLES LEBEN.

# Liebe

Liebe ist das stärkste Gefühl überhaupt.
Liebe zu Menschen,
aber insbesondere die Liebe zu allem
Göttlichen.

Essentiell ist die Liebe zu uns selbst.

Nur, wenn wir uns selbst lieben, können wir
anderen Liebe schenken.

OHNE LIEBE IST ALLES NICHTS,
LIEBE IST ALLES.

# Das Meer

Denke ich an das Meer,
denke ich an unendliche Weite.
Ich denke, wie unendlich weit
du von mir entfernt bist.

Denke ich an das Meer,
verliere ich mich in den Wellen,
die sanft an den Strand schlagen.

Denke ich an das Meer,
sehe ich Schiffe,
die in die Ferne reisen,
um Fracht an das andere Ende zu bringen.

Denke ich an das Meer,
so denke ich an dich.
Wie schön wäre es,
wenn eines der Schiffe dich zu mir zurück bringen
könnte....

Wish you
were here

# Heilungsreise in Bildern:

This way

# Heilungsreise

Eine Heilungsreise kann man nicht mit dem
Flugzeug unternehmen.
Man kann nicht schnell ans Ziel kommen.
Es ist eher eine Wanderung
mit schwerem Gepäck.
Auf der Wanderreise wird das Gepäck
immer ein klein wenig leichter,
Stück für Stück.
Doch schnell geht das nicht.
Es ist eine lebenslange Reise.
Es geht bergab und bergauf.
Und manchmal führt der Heilungsweg
in eine Heilungskrise.

Dann heißt es: alle Unterstützer
zusammentrommeln, Geduld haben, durchhalten
und
       WEITERGEHEN.

# Sommerabend

Es ist wunderbar,
einen Sommerabend draußen mit
Freunden zu verbringen.

Dazu gehört:
gutes Essen,
ein leckeres Getränk und
Kerzenschein.

Gute Gespräche dürfen natürlich auch
nicht fehlen.

DAS IST LEBEN.

# Das Samenkorn

Vom Wind davongetragen
entspringt aus einem Samenkorn
eine wundervolle Blume
mit einer bunten duftenden Blüte.

Die Blüte zieht die Hummel an.
Für diese stellt die Blüte eine ergiebige Nahrungsquelle dar.
So verbindet sich auf eindrückliche Weise Schönheit mit
Nützlichem.

Ist die Blüte verblüht,
entstehen neue Samenkörner.
Auch sie werden vom Wind davongetragen, um im nächsten
Sommer als Blume ihre Schönheit zu zeigen.
Die alte Blüte aber verwelkt und vergeht.

Das Samenkorn spiegelt auf eindrucksvolle Weise das stetige
Werden und Vergehen der Blumen im Jahresverlauf wider.

# Ausgeschlossen

Manche Menschen fühlen
sich ausgeschlossen.
Ausgeschlossen aus der Gesellschaft,
abgetrennt von Glück und Freude,
ausgeschlossen bei Unternehmungen
und Erlebnissen.

Wo immer du jemandem triffst,
der sich ausgeschlossen fühlt,
nimm ihn mit in dein Leben
und lass ihn teilhaben.

Das macht euch beide glücklich und zufrieden.

# Regen

Regen ist lebenswichtig.
Regen erfrischt Pflanzen,
Tiere und Menschen.
Regen, der auf das Fensterbrett tropft, verbreitet
Gemütlichkeit.

Regen ist bedrohlich,
wenn er Ausmaße einer Katastrophe annimmt.
Regen ist notwendig für Wachstum,
damit wir uns über reiche Ernte freuen können.

Die Balance im Kosmos ist wichtig,
damit genau die Regenmenge zu Boden fällt, die
ausreichend und notwendig ist.

Empfinde Freude über sanft zu Boden fallenden Regen
und ärgere dich nicht,
solltest du gerade deinen Jahresurlaub
verbringen. Denke an die Vorzüge und die Notwendigkeit

von  REGEN.

# Hoffnung

Eine Blume, die verwelkt,
erinnert uns an die Schönheit, mit welcher sie
uns noch vor Kurzem erfreute.

Gleichzeitig steht das Verwelken für die
Hoffnung, dass auch im nächsten Jahr eine
wunderschöne Blüte unser Herz erfreuen wird.

Sei nicht traurig,
freue dich auf das, was kommt.

# Hommage

Dereinst ein Findling
fand er eine neue Heimat.
Er steht für Standfestigkeit,
Widerstandskraft, Ausdauer
und Geduld.
Noch ist er jung,
jedoch schon reich an
Weisheit und Geheimnissen.
Nun genießt er die Freiheit,
Platz zu haben und sich ausbreiten zu
können.

DER AHORNBAUM

# Schneckenhaus

Die Schnecke bewegt sich langsam und gemächlich.
Ihr Haus trägt sie stets mit sich.
Das ist beschwerlich, doch es ist ihr Schutz und
sichert ihr Überleben.
Schon die Babyschnecke hat ihr
eigenes Haus.
Es wächst mit der Schnecke und wird immer größer.
Am Ende, wenn die Schnecke stirbt, bereichert das
Haus den Boden mit Nährstoffen,
Der Kreislauf zeigt die Bedeutung jedes einzelnen
Lebewesens im Kosmos.

ALLES IST WICHTIG UND BEDEUTSAM.

# Engel

Engel helfen uns und beschützen uns.
Sie sind unscheinbar, jedoch oft in unserer Nähe, um uns aus einer verzweifelten Situation zu helfen.
Sind vielleicht unter deinen Arbeitskollegen Engel, die dir helfen?

Engel reagieren offen auf unsere Wünsche. Sie sind sehr fleißig und bemüht uns zu helfen.
Engel erwarten Dank und Anerkennung für ihr Bemühen. Das stimmt sie froh und glücklich.

Engel begleiten uns, auch wenn wir sie nicht wahrnehmen.
Engel begleiten uns immer! Jeden von uns.

Du kannst jederzeit mit ihnen Kontakt aufnehmen, zum Beispiel über Telefon.
Ihr könnt auch eine Telco machen, wenn du mehrere Engel gleichzeitig anrufen möchtest.

Sie warten schon auf deinen Anruf.

# Freunde

Freunde sind ein so unermesslich kostbares Gut.
Freunde stützen und helfen sich gegenseitig.
Sie verstehen sich, auch wenn sie nicht reden.
Freunde lachen und weinen miteinander, kein
Gefühl bleibt im Verborgenen.
Freunde teilen und nehmen Anteil.
Wahre Freundschaft kennt keine Bedingungen, sie
ist einfach da.

Es kommt nicht auf eine große Anzahl von
Freunden an, sondern auf die Qualität der
Freundschaft.

# Ankommen

Ich bin angekommen.
Ich weiß nun um meine Ziele
und habe eine Vorstellung davon,
welchen Weg ich weitergehen kann.
Wie lange habe ich gesucht?
Manche Entscheidung auf meiner Reise
hat mir geholfen, den richtigen Weg zu finden und endlich
hier anzukommen.
Aber ich bin auch so manchen Irrweg gegangen.

Es ist so ein schönes Gefühl angekommen zu sein, mit einem
klaren Ziel vor Augen wie die Reise weitergehen kann.

Mit Mut, Vertrauen und Zuversicht
kann jeder den für ihn richtigen Weg finden!

# In der Not

Nebelschwaden ziehen über das Meer, darin schon
manch ein Mensch verschwand.
Kiefernbäume säumen den Weg am Strand.

Fischerboote taumeln im Sturm.
Der Regen kommt heute von vorn.
In der Ferne ertönt ein Nebelhorn.

Nun ist es Zeit,
in den sicheren Hafen einzulaufen,
denn das Wohl der Menschen auf See
lässt sich nicht erkaufen.

Die Familien bauen auf Gott
und bitten um sichere Heimkehr
in der Not.

Diesmal ist alles gut gegangen,
trotz des vielen Bangens.

Auf Glauben und Vertrauen lässt sich auch in höchster
Not bauen.

# Die Nacht im Wald

Heute Nacht habe ich
im Wald geschlafen
in einem Bett aus
Blättern und Zweigen.

Als mich ein Reh mit seiner
weichen Nase anstupste,
habe ich mich soooooo erschrocken.

Doch das Reh sagte:
,,Du brauchst keine Angst zu haben. Alle Tiere des
Waldes passen auf dich auf und behüten dich.
Denn wir alle, ihr Menschen und wir Tiere sind
Geschöpfe Gottes und leben nach seinen Geboten.
Er trägt uns alle.''

MÖGE SICH JEDER MENSCH SO BESCHÜTZT UND
GETRAGEN FÜHLEN.

# krank – gesund

Die Jugend denkt nicht an Krankheit.
Sie hat keine Vorstellung davon,
wie es sich anfühlt, dauerhaft
krank zu sein.
Sie lebt frei und unbeschwert aus dem
Vollen was Gott ihr schenkt.

Mit dem Älterwerden häufen sich
die Wünsche für gute Gesundheit.
Kaum ein Geburtstagsgruß
kommt ohne sie aus.

Die Älteren erkennen das hohe Gut
des Gesundseins und bringen ihm
höchste Wertschätzung entgegen.
Sie erkennen, wie wichtig es ist,
sich bereits im Jugendalter
für seine Gesundheit einzusetzen.

NUTZET DIE ZEIT.

# Dankbarkeit

Ich bin so dankbar für mein Leben,
dafür, dass ich hier sein darf und
für alle, die mich begleiten, begleitet haben oder
noch begleiten werden.

ICH BIN DANKBAR FÜR ALLES.

Auch, wenn es mal nicht so gut läuft,
versuche ich dankbar zu sein.
Sicher werde ich später
das Gute daran erkennen.

Dankbarkeit für mich, für andere,
für Situationen ist der
Grundpfeiler des Lebens.

Dankbar zu sein,
bedeutet glücklich zu sein.

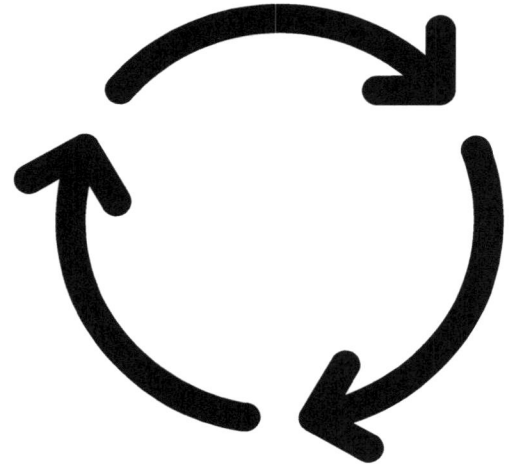

# Flow

Alles ist im Fluss.
Nichts bleibt wie es ist.
Menschen kommen und
gehen im Leben.
Dabei sind ein paar Konstanten
so wichtig: vertraute Bezugspersonen
und Familie, um nur ein paar Beispiele zu nennen.
Auch sie kommen und gehen.
Es ist unmöglich,
den natürlichen Fluss des Lebens aufzuhalten.
Stillstand ist gleichzusetzen mit Rückschritt.
Durch den Fluss des Lebens finden
wir zu Fortschritt und Weiterentwicklung zu
unserem Höchsten und Besten.

LASS DICH TREIBEN
IM FLUSS DES LEBENS!

# Frei

Was bedeutet es „frei" zu sein?

Es bedeutet frei zu sein und
   nach dem eigenen Lebensplan zu leben
   kreativ sein zu dürfen
   in jeglicher Hinsicht keinen
   Einschränkungen zu unterliegen
   freie Entscheidungen treffen zu können
   sich frei bewegen zu dürfen
   den Willen frei äußern zu können.


NUTZE DIE FREIHEIT UND
SEI DIR BEWUSST, WELCHES GESCHENK DU
ERHÄLST.

# MIT DIR

MIT DIR     möchte ich durchs Leben gehen.
MIT DIR     möchte ich dem Sonnenaufgang
                     zusehen.
MIT DIR     möchte ich das Meer rauschen
                     hören.
MIT DIR     möchte ich Berge erklimmen
MIT DIR     möchte ich ferne Welten
                     erkunden.
MIT DIR     möchte ich fremde Städte
                     kennenlernen.
MIT DIR     möchte ich so vieles erleben.
MIT DIR     möchte ich ein Haus bauen
MIT DIR     möchte ich Kinder groß werden
                     sehen.
MIT DIR     möchte ich das Leben genießen
MIT DIR     möchte ich Freunde treffen.
MIT DIR     möchte ich schweigen, lachen
                     und weinen.

Wenn für dich die Sonne das letzte Mal untergeht,
möchte ich mit dir gehen.

## MIT DIR

# Herbst

Im Herbst färben sich die Blätter
der Bäume golden.
Die Pflanzen ziehen ihre Säfte
in ihr Inneres zurück, um Kräfte für das kommende
Frühjahr zu sammeln.
Die Strandkörbe werden über Winter eingelagert,
Ende der Saison.
Alles kommt irgendwie zur Ruhe,
bis auf den Wind,
der sich zu Stürmen aufbaut.
Auch wir Menschen sollten zur
Ruhe kommen im Herbst und
Kräfte sammeln für das Kommende
und die Stürme einfach
vorbeiziehen lassen.

**DRÜCK MAL DIE PAUSE TASTE.**

# Solidarität

Verhalten wir uns solidarisch?
Biete ich meine Hilfe an?
Helfen wir Menschen in Not?
Bin ich bereit zu teilen?
Trage ich dazu bei, dass Gemeinschaft
funktionieren kann?
Entnehme ich der Natur nur so viel, wie
ich tatsächlich benötige?
Hast du schon einmal Solidarität erfahren
dürfen?
Geben und Nehmen macht gleichsam
glücklich!
Denke immer auch an die Anderen.

# Das Herz

Das Herz hüpft vor Begeisterung,
wenn wir verliebt sind.
Das Herz ist gebrochen,
wenn Vertrauen missbraucht wurde.
Das Herz geht auf, wenn wir in
strahlende Kinderaugen sehen.
Das Herz ist schwer,
wenn wir uns Sorgen machen.
Das Herz hängt an etwas,
das für uns besonders wertvoll ist.
Wir schließen jemanden ins Herz,
der sehr wichtig und bedeutend
für uns ist.
Wir machen unserem Herzen Luft, wenn wir uns
sehr über etwas ärgern.

ACHTE AUF DEIN HERZ UND PFLEGE ES
SORGSAM.

# Der Spatz

Der Spatz ist ein Kulturfolger,
er begleitet die Menschen in ihrem Lebensraum schon
seit über 10.000 Jahren. Das Leben der Menschen und
der Spatzen ist also miteinander verwoben.
Der Spatz gilt als verhasster Korn Dieb.
Zwar ist er kein Gesangskünstler, doch das ist kein
Grund für seine Verfolgung.
Der Spatz ist sehr gesellig, seiner Partnerin lebenslang
treu, er lebt in kleinen Gruppen und brütet in Kolonien.
Waise junge Spatzen werden von den Nachbarn
großgezogen. Viele Junge sterben bereits im ersten Jahr.
Spatzen essen und schlafen in der Gruppe.
Heute steht der einst so verhasste Spatz auf der Roten
Liste und ist vom Aussterben bedroht. Wir sollten ihn
unterstützen, er gehört zu uns und er sollte uns ein
Vorbild sein, was das Miteinander angeht.

Und zum Abschluss noch eine Redensart: „Der Spatz in
der Hand ist besser als die Taube auf dem Dach". Dies
soll uns Bescheidenheit lehren, mit dem zufrieden zu
sein, was man hat und nicht nach Unerreichbarem zu
streben.

# Ein Traum

Ich träumte einen langen Traum.
Dabei befand ich mich auf einer blühenden Wiese
im Wald.
Rings um mich herum tanzten
Kinder im Kreis.
Eines der Kinder kam auf mich zu
und sagte: „Komm tanz mit uns, du
siehst so traurig aus. Tanzen macht Spaß."
So nahmen mich die Kinder in ihren Kreis auf und
wir tanzten gemeinsam.
Es war die pure Freude für alle.
Dann bin ich aufgewacht und
war total glücklich.

Nimm die Kinder ernst. Denn sie haben Fähigkeiten
und Wahrnehmungen, die uns Erwachsenen
abhandengekommen sind.

# Das Smartphone

Morgens lasse ich mich von meinem Smartphone wecken.
Als erstes schaue ich mir die E-Mails an und beantworte diese.
Wenn ich nicht gleich antworte, denken die Leute noch ich sei tot.
Dann checke ich die sozialen Medien
und schaue mir die neuesten Posts an.
Tagsüber benötige ich mein Smartphone zum Navigieren beim Autofahren.
Abends höre ich Musik oder streame Filme mit dem Smartphone. Selten telefoniere ich damit.
Vor dem Zubettgehen checke ich zum wiederholten Mal alle accounts, beantworte E-Mails und vergebe Likes.

Zurzeit nehme ich eine Auszeit im Kloster. Dort sind Smartphones verboten.

**Ich liebe die Nicht-Erreichbarkeit.**

# Der Egoist

Der Egoist denkt zuerst an sich
und seinen eigenen Vorteil.
Seine Interessen setzt er mit
Beharrlichkeit durch.
Er ist derjenige, der an der
Kasse nie warten muss und
der immer den passenden
Parkplatz findet.
Im Restaurant ist stets ein
Platz für ihn reserviert.
Das alles hat er sich schwer erkämpft,
ohne Rücksicht auf seine Mitmenschen.
Der Egoist hat aber auch eine mitfühlende und
unterstützende Seite.
Diese ist jedoch nicht so stark ausgeprägt wie die Ich-
bezogene.

Begegne einem Egoisten mit Nachsicht, damit er aus
eigenem Antrieb zur Einsicht finden und sein Verhalten
neu justieren kann.

# Mein Teddy

Mein Teddy heißt einfach „Teddy".
Er begleitet mich schon mein ganzes Leben.
Teddy war immer bei mir, um mich zu trösten und mir beim Einschlafen zu helfen.
Er gab mir Mut, wenn ich mal krank war.
Er ist ein sehr treuer Begleiter, ebenso wie meine Puppe „Susi".
Auch sie umgibt mich noch heute und schaut wie es mir geht.
Bei Teddy kommt an den Fußsohlen mittlerweile Stroh zum Vorschein.
Wenn das schlimmer wird, werde ich ihn zum Doktor bringen.
Das möchte ich gerne für ihn tun, denn er ist immer für mich da. Also werde ich auch für ihn da sein, wenn es nötig ist.

KÜMMERT EUCH UMEINANDER.

# Freitag

Oh wie schön,
dass heute Freitag ist.
Die anstrengende Arbeitswoche hat ihre Spuren
hinterlassen.
Doch jetzt stehen zwei freie Tage bevor.
Endlich mal nicht den Wecker stellen müssen, endlich
ausschlafen können.
Ich freue mich immer auf den Freitag,
da dann das ganze schöne Wochenende noch bevorsteht.
Das ist viel schöner als sonntags.
Jetzt kann ich zwei Tage die Zeit frei gestalten und
meinen Talenten und Hobbies nachgehen.
Ich kann mich ausruhen und wann immer ich möchte
eine Pause machen.
So hat Gott sich das bei der Erschaffung der Erde
gedacht: Der Mensch soll sich an einem Tag der Woche
ausruhen.

Genieße das Wochenende und sammle Kraft für die
neue Arbeitswoche.

# Die Leber

Die Leber bemüht sich unermüdlich um unser Leben.
Sie sortiert blitzschnell die Stoffe, die zu ihr gelangen in
,,gut" und ,,böse".
Die Guten dürfen weiterziehen,
die Bösen werden je nach Bösartigkeit in Gruppen
eingeteilt.
Je nach Ressourcen der Leber wird die Gruppe der nicht
ganz so bösen gleich entsorgt. Die anderen werden
irgendwo zwischengelagert. Die ganz bösen Stoffe nimmt
sie selbst in ihren inneren Kern auf, damit sie sicher
eingesperrt sind.
Die Leber kennt unsere Gewohnheiten, wann wir
beispielsweise üblicherweise Fett essen, und stellt sich
darauf ein.
Sie ist sehr intelligent.

Unterstütze die Leber in ihren Bemühungen und danke
ihr für alles, was sie für dich tut. Schenke ihr doch hin
und wieder mal eine Papaya oder einen Smoothie mit
roter Pitaya.

# Meine Vision

Meine Vision beschreibt
nichts Kleines.
Keine schöne Reise,
eine Kreuzfahrt vielleicht. Nein.
Meine Vision träumt von Großem:
von Frieden auf der Erde.
Von respektvollem Umgang aller Menschen.
Davon, dass die Menschen ebenso respektvoll mit
der Natur, der Erde und ihren Ressourcen und
allem Göttlichen umgehen.

Wir leben in Zeiten großer Veränderungen.
Dies ist die vielleicht beste Möglichkeit, meine
Vision zur Realität werden zu lassen.....

GLAUBT AN EURE VISIONEN.

# Danke

Meinem lieben Mann Bernd und meinen besten Freundinnen, Renate, Melanie, Irene und Angelika sowie meinen Eltern für ihre immerwährende Unterstützung, Liebe und Freundschaft auf meiner Reise.

Mein besonderer Dank gilt Melanie und Bernd für das Korrektorat dieses Buches.

Danke für eure Begleitung.